I0232160

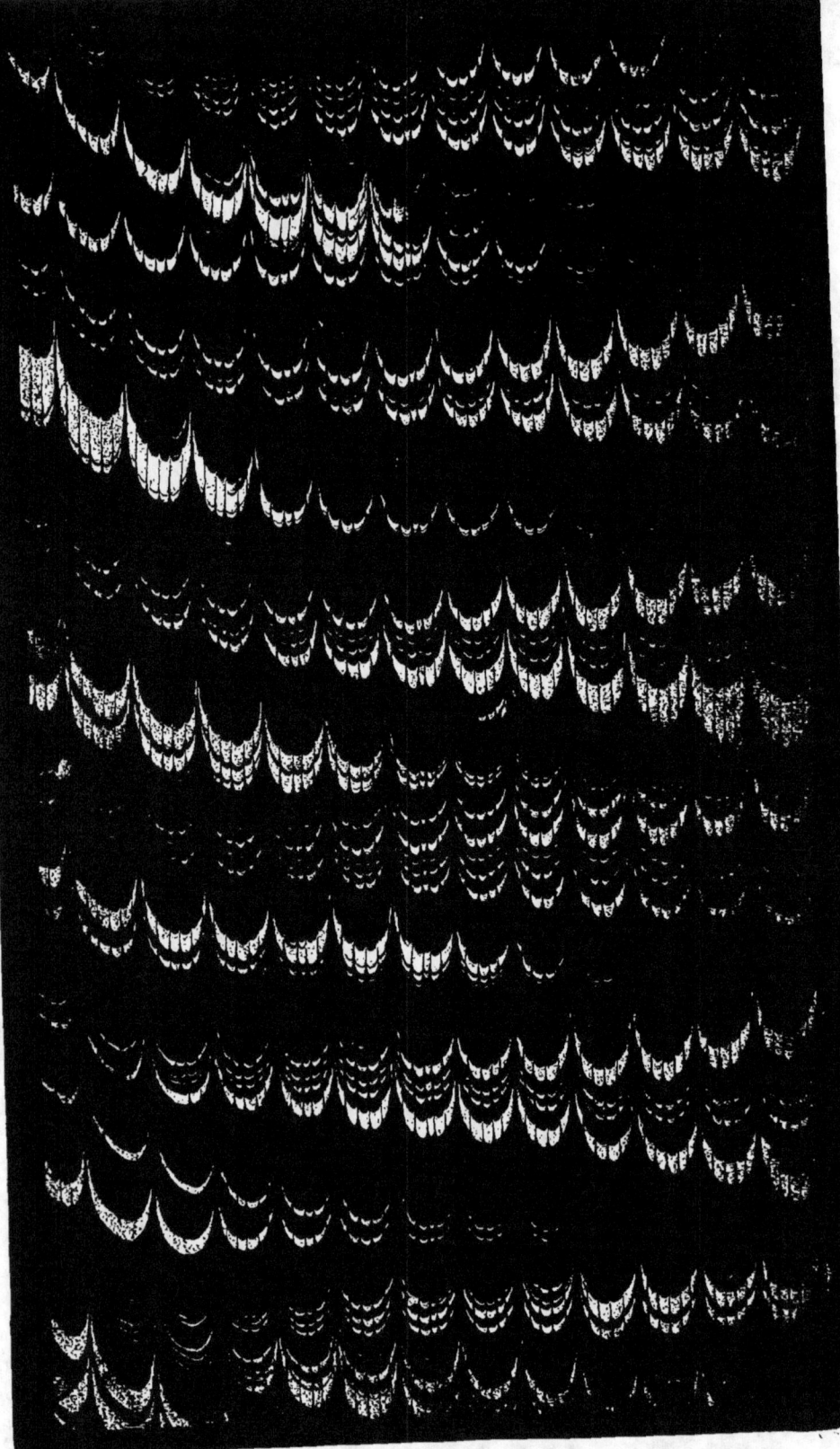

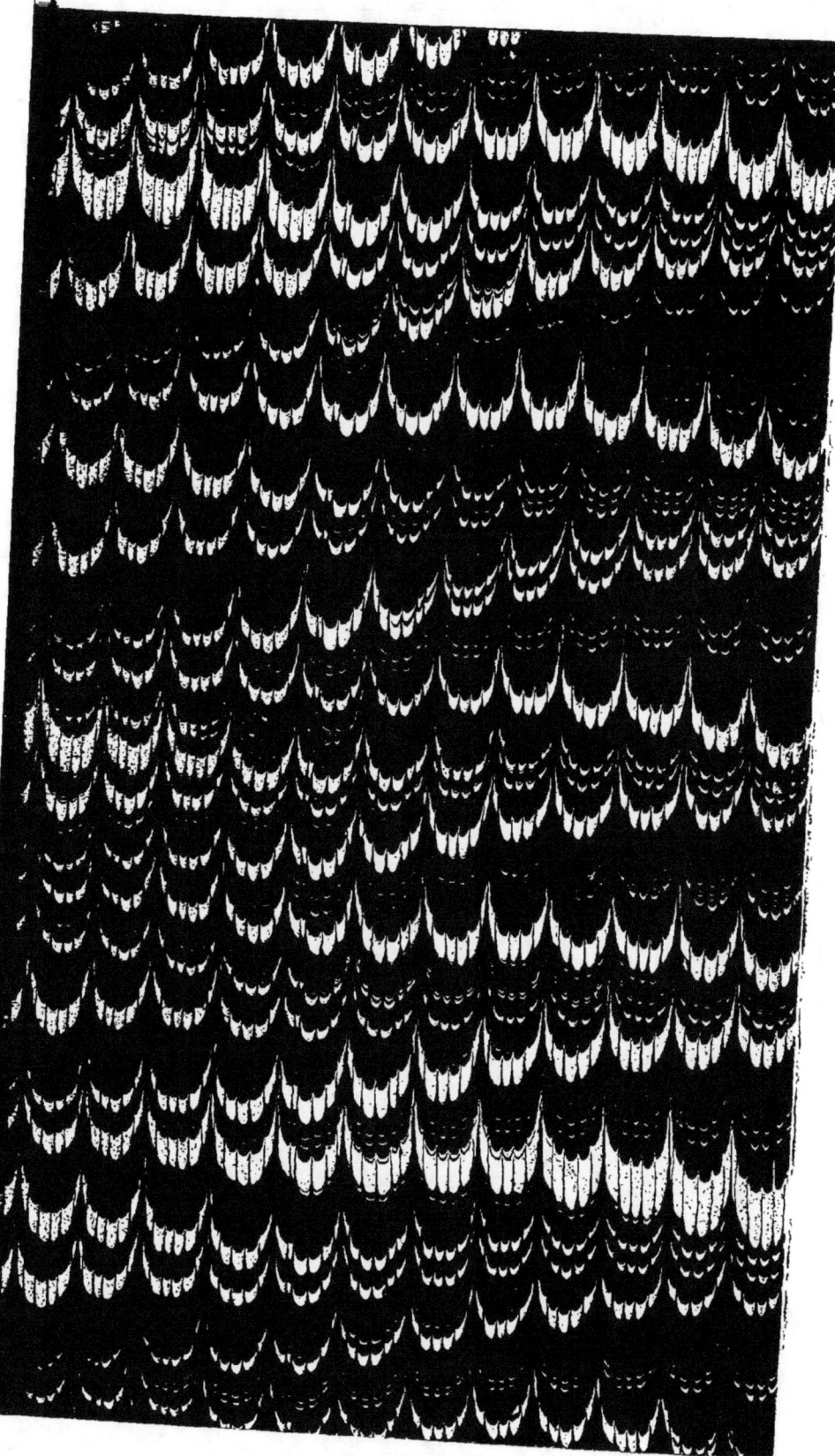

LA

BIBLIOTHEQUE IMPERIALE

PARIS.—IMPRIMÉ CHEZ BONAVENTURE ET DUCESSOIS,
55, QUAI DES AUGUSTINS.

LA

BIBLIOTHEQUE

IMPERIALE

SON ORGANISATION

SON CATALOGUE

PAR UN BIBLIOPHILE

A PARIS

CHEZ AUGUSTE AUBRY,

L'UN DES LIBRAIRES DE LA SOCIETE DES BIBLIOPHILES FRANÇOIS

RUE DAUPHINE, N. 16

M.D.CCCLXI.

Δύο ἐπὶ δυοῖν ἴσα τέσσαρσι.

LA

BIBLIOTHEQUE IMPERIALE

SON ORGANISATION, SON CATALOGUE

I

Un de nos amis, écrivain allemand très-distingué, vint tout dernièrement passer quelques semaines à Paris. Il voulut profiter de ce séjour pour visiter nos principaux établissements d'instruction publique, et en particulier nos bibliothèques: il s'occupe en effet depuis longtemps d'une histoire détaillée de la littérature française au XVIe siècle.

Plusieurs des ouvrages qu'il désirait consulter figuraient dans le dernier catalogue imprimé de la Bibliothèque impériale; nous nous chargeâmes de relever d'avance les numéros d'ordre qui leur avaient été assignés dans ce classement définitif. Malgré cette précaution, le résultat de ses demandes fut loin d'être toujours favorable: c'est à peine si sur dix ouvrages sept purent lui être communiqués. Il en appellerait volontiers au témoignage des conservateurs chargés du service de la salle publique, et même à ceux de la *réserve*; le zèle et la patience qu'ils ont montrés, les recherches multipliées auxquelles ils se sont livrés pour lui, leur ont fait certainement conserver le souvenir de son nom, et ils le reconnaîtraient bien vite s'il nous était permis de le désigner ici.

Notre ami, surpris et désappointé, retourna donc en Allemagne, emportant une assez triste opinion des bibliothèques de Paris; et nous laissant nous-même fort humilié, en notre double qualité de Français et de bibliophile. Ce fut là l'origine de nos premières réflexions.

Nous nous dîmes d'abord, en manière de circonstances atténuantes, que notre savant bavarois avait indiqué presque exclusivement des plaquettes, des ouvrages rares et peu connus, quoique imprimés à Paris; mais il nous fallut bien reconnaître que c'était là une mauvaise raison. Sans doute, s'il eût demandé l'*Histoire de Paris,* de Dulaure, ou l'*Histoire du Consulat,* de M. Thiers, il eût été servi en quelques minutes. Mais, malgré nous, notre esprit se refusait à admettre qu'un établissement tel que la Bibliothèque impériale pût être regardé comme bien organisé, parce qu'il est en mesure d'offrir rapidement au premier venu un ouvrage qui se trouve dans tous les cabinets de lecture, — quand d'ailleurs il est impuissant à communiquer aux écrivains sérieux les trésors que lui seul possède.

Nous nous trouvions donc en face d'un problème embarrassant. Nous nous rappelions que la Bibliothèque royale de Munich, que le *British Museum*, aussi riche que notre Bibliothèque impériale, fournit en cinq minutes tout volume demandé. Nous savions, d'un autre côté, que la Bibliothèque impériale est dirigée aujourd'hui par un administrateur entièrement dévoué à son œuvre, et qui est aidé dans sa tâche par des employés nombreux, zélés, instruits. Comment donc expliquer le peu de succès de leurs efforts?

Un examen approfondi de la question nous amena à des conclusions pour nous décisives. Le plan qu'elles nous inspirèrent est si simple, d'une application si facile et si peu coûteuse, les services qu'il peut être appelé à rendre sont si grands, que nous avons cru de notre devoir de le faire connaître. A défaut de résultat plus sérieux, nous avons pensé qu'il était bon d'appeler l'attention des hommes spéciaux sur une *idée* qui, une fois énoncée, paraît tellement naturelle, que nous-même hésitions à lui donner ce nom. Nous allons montrer cependant dans quels embarras inextricables l'on s'est jeté, faute de la connaître. Nous savons enfin que c'est une des lois imposées à l'esprit humain d'aller toujours du composé au simple ; et qu'il côtoie longtemps de si près, sans les voir, les idées les plus élémentaires que, quand il les a aperçues, il peut à peine croire qu'elles aient jamais échappé à ses regards.

L'état regrettable dans lequel se trouve la Bibliothèque impériale nous sembla provenir de deux causes bien distinctes : son organisation intérieure, et la lenteur apportée à la confection de son catalogue définitif.

Sur le premier point, on est à peu près d'accord, nous n'aurons donc guère qu'à résumer ce qui a été dit déjà à cet égard. C'est sur le second point qu'ont surtout porté nos réflexions, et voici pourquoi.

Depuis cent-soixante ans [1], on cherche à

---

[1] Le premier essai sérieux date de 1700. A cette

dresser le catalogue complet de notre grande Bibliothèque, et les efforts les plus coûteux n'ont abouti qu'à faire ressortir toutes les difficultés apparentes de cette vaste entreprise. Elles sont telles que l'administration de la Bi-

époque, Clément rédigea un catalogue qui comprenait soixante mille volumes. Vingt ans après, quand la Bibliothèque fut définitivement installée dans le local qu'elle occupe aujourd'hui, on commença la vérification du catalogue de Clément; œuvre bientôt abandonnée. Enfin, vers 1730, une nouvelle classification fut tentée : le laborieux écrivain Buvat se chargea de mettre au net les inscriptions précédentes, pendant que les abbés Sallier et Boudot entreprenaient de les coordonner et de les continuer. De 1739 à 1789—en cinquante ans—ils publièrent six volumes in-folio, puis s'arrêtèrent. Personne n'eut le courage de compléter ce travail, qui perdit toute valeur quand la Révolution eut fait entrer trois cent mille volumes nouveaux à la Bibliothèque impériale. Après quelques essais restés infructueux, on songea sérieusement à dresser un catalogue général; en 1839, sous le ministère de M. de Salvandy, les Chambres votèrent dans ce but un crédit de 1,264,000 francs, qui fut suivi de plusieurs autres moins considérables. Mais à peine à l'œuvre, on fut effrayé de l'immensité de la tâche et on l'abandonna; le million fut, dit-on, employé en reliures. C'est seulement depuis la nomination de M. Taschereau que les travaux ont pris de la régularité et de l'ensemble.

bliothèque impériale compte, dit-on, l'abandonner aussitôt après l'achèvement du catalogue de la médecine dont on s'occupe en ce moment[1].

Le *Moniteur* nous révèle que, depuis 1839 seulement, les travaux du catalogue de la Bibliothèque impériale ont absorbé plus de deux millions; et pour obtenir quel résultat? la publication du catalogue de l'histoire de France. Or, les ouvrages relatifs à l'histoire de France forment à peu près la vingtième partie des richesses de la Bibliothèque impériale, et on a mis au moins dix années[2] à en

---

[1] En janvier 1848, M. de Salvandy, dans un rapport au roi, disait déjà : « Le catalogue de la médecine est achevé et pourra être livré cette année à l'impression. » *Moniteur universel*, numéro du 5 janvier 1848, p. 29.

[2] Nous sommes loin d'exagérer. M. Taschereau est entré à la Bibliothèque impériale en juin 1852, et il a reconnu, dans un rapport officiel, qu'à cette date, il y avait déjà plus de 200,000 cartes rédigées. Il est vrai qu'elles se rapportaient à trois matières différentes, mais l'histoire de France y entrait pour plus des deux tiers. Voyez le *Moniteur universel*, numéro du 30 juin 1856.

dresser le catalogue; c'est donc par siècles qu'il faudrait calculer pour déterminer l'époque où un catalogue complet pourrait être livré au public.

D'où il résulte logiquement que, en plein xixe siècle, toutes les forces intellectuelles et matérielles dont un gouvernement tout-puissant peut disposer viennent se briser contre quel obstacle? l'inventaire de 1,600,000 *objets*. En face d'un fait semblable, il n'y a qu'un parti à prendre : déclarer qu'un tel insuccès prouve tout simplement l'insuffisance des moyens employés, et en chercher d'autres. C'est ce que nous avons fait. Et quelque absurde que puisse, au premier abord, paraître une telle assertion, nous nous croyons en mesure de prouver, de la manière la plus rigoureuse, que ce gigantesque travail pourrait parfaitement être achevé en moins de dix-huit mois, et avec une dépense nette de trois cent mille francs.

II

Il y a deux cent cinquante ans, un ministre qui n'a pourtant pas laissé un nom très-populaire entreprenait de fonder à ses frais la première bibliothèque publique qu'ait eue la France. Comme il s'agissait d'être utile aux érudits, il avait consulté l'un d'eux, le célèbre Gabriel Naudé. Or, Mazarin avait établi cette bibliothèque dans sa propre demeure; la même porte conduisait à la salle publique de travail et aux appartements du premier ministre. Cette disposition fit naître quelques craintes dans l'esprit de Naudé, lui-même l'a raconté ; il représenta à Mazarin que la « pluspart des hommes doctes aimeroient mieux se passer de cette Bibliotheque que de s'exposer aux caprices d'un suisse et aux insolences de tant de Pages et de Laquais pour y entrer. » Le cardinal ne rit point de ces susceptibilités, et afin de venir en aide « à la timidité des Gens de lettres qui, nourris dans les Colleges, *in umbra*, parmi les morts, se rebuttent facilement du moindre bruit et tracas des vivants, » il fit aussitôt percer une petite porte avec un escalier dérobé pour conduire à la bibliothèque.

Certes on eût bien étonné Mazarin si on lui eût dit que cette délicate sollicitude tournerait un jour au préjudice des savants eux-mêmes. C'est pourtant, comme on va le voir, ce qui est arrivé.

Supposons en effet qu'un de ces laborieux et timides savants du XVIIe siècle revienne sur la terre, et qu'il s'informe des progrès accomplis pendant cet intervalle de deux cents ans dans l'organisation des bibliothèques publiques. La *Bibliothèque du Roy* qu'il a connue rue de la Harpe, dans une petite maison dépendant de Saint-Côme, elle remplit aujourd'hui l'immense hôtel qu'habitait Mazarin. Elle avait alors dix mille volumes, elle en renferme aujourd'hui seize cent mille. Toutes les connaissances humaines sont amoncelées là, vaste et ténébreux chaos dont chacun peut approcher pour tenter d'en faire jaillir la lumière. Les portes sont ouvertes à deux battants; aucune formalité à remplir, tous ceux qui se présentent sont admis; l'ouvrage qu'ils demandent doit leur être aussitôt confié, quelle que soit l'époque de sa publication, quelque sujet qu'il traite, en quelque langue qu'il ait été écrit.

On devine les sentiments d'admiration qu'un pareil exposé éveillerait dans le cœur de notre savant.

Mais qu'il aille étudier de près la réalisation de cet admirable programme, qu'il entre à la

Bibliothèque impériale. Il verra ce merveilleux dépôt envahi par une foule de désœuvrés « qui ne prennent des livres qu'afin d'avoir un prétexte pour se chauffer[1]. » Là où il croyait rencontrer des hommes d'étude, il trouvera des gens « d'une ignorance si grossière qu'ils n'ont évidemment besoin d'aucun autre ouvrage que du rudiment[2] ; » il verra que les bibliothécaires, harcelés sans trêve par ces tristes visiteurs, sont forcés de refuser leur concours aux recherches sérieuses et spéciales des érudits. Enfin, pour peu qu'il soit bibliophile, quelle sera sa douleur en voyant des ouvrages précieux confiés à des mains de toute façon irrespectueuses, et l'empreinte de doigts moites et malpropres se plaquer parfois sur des exemplaires uniques. M. Mérimée nous le dit encore : « Quelques lecteurs mutilent des volumes et en arrachent des feuil-

---

[1] *Rapport officiel de la commission d'enquête.* (*Moniteur universel* du 28 mars 1858.)

[2] *Rapport officiel de la commission d'enquête.* (*Moniteur universel* du 28 mars 1858.)

lets pour s'épargner la peine de prendre une note[1]. »

Nous n'exagérons rien ici, nous ne faisons que développer un rapport officiel, publié dans le *Moniteur*, signé par un sénateur, par un membre de l'Académie française, par un ami des lettres et des livres. Eh bien, nous le demandons à tous les hommes de bon sens, est-ce là le spectacle que devrait présenter la Bibliothèque impériale de France? Que les flâneurs y soient mieux qu'au cabaret ou à quelque audience correctionnelle, c'est notre avis; ouvrons-leur donc, s'il le faut, des cabinets de lecture entièrement gratuits. Mais pour l'honneur d'une théorie d'égalité qui, en fait, se trouve absolument fausse, ne sacrifions point de gaieté de cœur le plus riche établissement bibliographique qui soit au monde.

De nos jours, il est dangereux de vouloir revenir en arrière, de se faire le panégyriste

---

[1] *Rapport officiel de la commission d'enquête.* (*Moniteur universel* du 28 mars 1858.)

du passé. Quelque partisan que vous soyez de tout progrès réel, quelques preuves que vous en ayez pu donner, vous serez bien vite rangé dans la classe des *laudatores temporis acti*, et ce n'est pas toujours en latin qu'on vous le dira.

Avouons-le, pourtant; en présence de cet opulent dépôt littéraire où sont renfermés près de deux millions de volumes, nous regrettons les humbles bibliothèques du XVIIe siècle; nous regrettons ces asiles paisibles du travail, où l'on n'entrait qu'avec respect, où régnaient des traditions de politesse, d'affabilité, de bienveillance, où l'étude était attrayante et sérieuse, où les livres étaient traités en amis.

Quand Naudé démontrait à Mazarin la nécessité de rendre sa bibliothèque plus facilement accessible, il savait bien quels hommes pouvaient seuls alors profiter des largesses du premier ministre. L'histoire nous a conservé leurs noms, c'était Gassendi, l'illustre adversaire de Descartes, le poëte Colletet, l'historien Aubery, le savant Grotius.... Mais les temps ont changé, et la Bibliothèque impériale ne reçoit pas de pareils hôtes. Ils en ont été chassés par un public spécial, population malsaine, laide, flétrie, qui vient le matin s'établir là pour six heures et s'y endormir sur un volume pris au hasard, comme elle irait s'installer au café du coin, si les consommations y étaient moins chères. Au point de vue de la dignité humaine et de l'esthétique morale, il n'est pas de plus triste tableau que celui qui se déroule chaque jour devant le bureau de la salle publique. Une tête intelligente y apparaît de loin en loin, mais sans relâche s'y succèdent des êtres à la démarche embarrassée, au regard éteint; portant au front, non les traces des revers littéraires ou des déceptions intellectuelles, épreuves qui laissent encore après elles sur la physionomie un vague reflet des lueurs passées,—mais les stigmates caractéristiques qu'y ont creusés le désœuvrement et l'ennui.

A aucune époque, on n'a plus fait qu'aujourd'hui pour introduire dans les bibliothèques le programme si séduisant que nous décrivions en commençant ; on n'a épargné ni peine ni argent pour faire jouir le public des avantages inappréciables qu'il semblait promettre. Mais la pratique n'a pas tardé à prouver que ce système était loin de réaliser toutes les espérances qu'on en avait conçues. Les réclamations qui s'élevèrent furent assez vives pour déterminer la création d'une commission d'enquête [1] composée d'hommes éminents, parmi lesquels figuraient MM. Mérimée, G. Rouland, G. Chaix-d'Est-Ange, Lascoux, de Laborde, etc. Le gouvernement a donné une publicité très-étendue au rapport publié par cette commission ; c'est, d'ailleurs, un travail remarquable, où une véritable impartialité s'unit à une grande sûreté de vues, et où se trouvent franchement signalés tous

---

[1] C'est la troisième fois, depuis douze ans, que l'on est obligé de recourir à cette mesure. Une première commission fut nommée en 1848, et une seconde en 1850. Voyez le *Moniteur*, numéro du 4 janvier 1848, p. 29, et numéro du 5 juin 1850, p. 1924.

les inconvénients issus des modifications qui, depuis quelques années surtout, ont été introduites dans les bibliothèques.

L'idée de procurer au public, même le moins lettré, tous les moyens de s'instruire, est certainement fort louable ; mais il ne faudrait pas hésiter à la repousser, si sa réalisation devait éloigner les écrivains d'un établissement où sont renfermés des trésors qui ne peuvent être consultés que là. Tels étaient les termes du problème que la commission avait à résoudre ; il lui fallait donc concilier les intérêts des deux publics auxquels on veut faciliter l'accès de nos bibliothèques. Une solution satisfaisante fut proposée. Suivant le nouveau plan, deux salles distinctes devaient être établies ; l'une, ouverte à tous, eût renfermé une nombreuse collection d'ouvrages classiques et usuels, et aucun autre livre n'y aurait été communiqué. L'autre eût été réservée aux personnes qui eussent pu justifier d'un but d'études sérieuses, et qui eussent présenté des garanties suffisantes pour qu les richesses de la Bibliothèque fussent mises à leur disposition.

Les sages conclusions de ce rapport ont été adoptées en principe; et, depuis trois ans, on travaille, dit-on, à en rendre l'essai praticable. Cependant, s'il faut croire les bruits qui circulent, le système proposé par la commission n'aurait point été accepté sans réserves, et son application ne serait pas suffisamment en harmonie avec l'esprit qui l'a dicté. Pour remplir le double but qu'a voulu atteindre la commission, il est important que la nouvelle salle contienne exclusivement des ouvrages récents, et assez faciles à remplacer pour que l'on puisse, sans regret, en sacrifier des exemplaires.

Le catalogue de l'histoire de France a été commencé au milieu d'incertitudes du même genre. Au fond, la question qui venait d'être débattue se résumait ainsi : les bibliothèques publiques doivent-elles être des chauffoirs ouverts à tous, ou des asiles littéraires réservés aux érudits? Elle s'était présentée déjà quand il s'était agi de dresser le catalogue de ses collections : sera-ce un simple inventaire méthodique, ou un travail bibliographique? L'administrateur de la Bibliothèque défendit la première thèse ; MM. Didot, dont les publications s'adressent surtout à l'Europe savante, soutinrent la seconde, offrant d'ailleurs de supporter tous les frais de cet immense travail. C'était là un magnifique projet, mais absolument inacceptable, il faut bien le dire. M. Taschereau, qui pouvait voir les choses de plus près, démontra facilement l'impossibilité absolue d'une pareille entreprise. De l'adoption du premier projet, il est résulté une œuvre de patience plutôt que de science, mais qui suffira certainement, dans un temps donné, à toutes les exigences du service; enfin, une œuvre vraiment curieuse et intéressante.

Il est vrai que dans ces six volumes, c'est notre histoire nationale tout entière qui revit palpitante. On ne peut tenter de la résumer, sans y imprimer la marque uniforme de ses passions et de ses idées personnelles. Mais ici, les acteurs eux-mêmes se font historiens, et leur récit porte l'empreinte fidèle de l'esprit qui dominait leur époque. Parfois, le titre seul des ouvrages publiés pendant une période suffit pour en révéler la vraie physionomie ; les satires burlesques et les déclamations passionnées, les appels faits à la vertu et les tentations offertes au vice, l'éloge et le blâme, le panégyrique et le pamphlet, les drames intimes et les agitations de la place publique, en un mot tout ce qui constitue la vie sociale d'une grande nation se rencontre ici sans se mêler, et concourt à former un tableau plein d'animation et d'une réalité saisissante. On serait tenté de croire impossible la lecture d'un pareil ouvrage, elle n'est pas même aride. Sans doute les événements n'y sont point décrits, mais tous sont indiqués ; l'imagination, surexcitée à chaque pas, active la mémoire sans cesse mise en éveil, et l'histoire se reconstruit ainsi pièce à pièce dans l'esprit.

Sous d'autres rapports encore, la publication de ce catalogue est venue à son heure. Elle couronne le grand mouvement historique qui sera une des gloires de notre génération. Les travaux de MM. de Barante, A. Thierry, Guizot, Michelet, ont présenté la synthèse des faits dont on nous donne aujourd'hui une minutieuse analyse : ici, un résumé clair, ingénieux, rempli de conceptions profondes et d'inspirations heureuses ; là, les pièces à l'appui, les éléments qui doivent servir à contrôler le travail d'ensemble.

A des points de vue différents, les catalogues des diverses divisions de l'histoire, de la littérature et des sciences présenteront le même intérêt et la même utilité. Efforçons-nous donc de hâter la réalisation de cette grande entreprise.

Pour que la Bibliothèque impériale repose sur une organisation vraiment digne d'un pareil établissement, deux conditions sont nécessaires : il faut qu'elle achève son catalogue et qu'elle adopte l'excellent projet présenté par la commission officielle ; nous venons d'en démontrer les avantages et l'opportunité. Prouvons maintenant, qu'en employant des moyens plus simples que ceux qui ont été jusqu'ici mis en œuvre, la Bibliothèque impériale pourrait, en moins de dix-huit mois, avoir un double catalogue complet, alphabétique et méthodique.

III

Posons d'abord deux principes incontestés, et qui, en dehors même de la bibliographie, s'imposent au plus simple bon sens :

1° Il est aussi facile de cataloguer deux millions de volumes que deux cents volumes. Il faut plus de temps, mais le travail est le même.

2° Dans tout établissement bien organisé et où chaque objet porte un numéro distinct, il est, en thèse générale, aussi facile de trouver un objet désigné entre deux millions d'objets qu'entre deux cents.

Convenons encore que la Bibliothèque impériale renoncera à suivre l'ordre méthodique dans le classement des volumes sur les rayons. C'est là un système depuis longtemps abandonné par les grandes bibliothèques publiques de l'Europe, et qui est tout au plus applicable à une collection particulière. On comprend en effet ce que doivent être les intercalations dans un établissement qui reçoit en moyenne deux cents volumes par semaine ; il est clair qu'aucune force humaine ne serait capable d'y maintenir l'ordre, au milieu des continuels bouleversements qu'entraînent des acquisitions si nombreuses. Cette organisation n'a d'ailleurs pas même le mérite de l'utilité, puisque le seul résultat qu'elle puisse donner est atteint d'une manière complète par le catalogue méthodique. Admettons pourtant, si l'on veut, que chaque matière générale : *Théologie, Jurisprudence, Médecine*, etc. aura sa place à part, qu'elle sera désignée par une lettre spéciale de l'alphabet, et constituera une série particulière de numéros. Ce mode de classement entraîne peu de difficultés pratiques et offre, dans certains cas, pour la rapidité du service public, par exemple, des avantages réels. Prenons la médecine comme application. Une ou plusieurs salles qui peuvent être désignées par la lettre M sont exclusivement affectées aux ouvrages relatifs à la science médicale. Tous les volumes de cette section portent donc la lettre M suivie d'un numéro d'ordre quelconque, et qui n'est déterminé que par le rang, absolument arbitraire, qu'occupe chaque volume sur les tablettes. La même règle devra être observée pour le classement des acquisitions nouvelles, qui viendront tout simplement s'ajouter à la suite des anciennes, en continuant la série des numéros.

On ne se fait pas généralement une idée exacte de l'incroyable complication du système actuel. Suivant notre plan, le *rond* qui se trouve sur le dos de chaque volume ne peut jamais porter qu'une lettre et un chiffre ; ce signe M 10,216, placé sur un livre quelconque, indique, du premier coup d'œil, que cet exemplaire appartient à la médecine, et est le 10,216^{me} volume de cette division. Exposons maintenant en deux mots le système aujourd'hui en vigueur. La *division générale* est indiquée par une majuscule, la *sous-division* par une minuscule, et la *section* de cette sous-division par un exposant; vient enfin le numéro d'ordre. Ainsi, l'*Histoire de l'Église de France pendant la Révolution*, par l'abbé Jager, pourra porter l'inscription suivante : Bd^{16} 25,349, qui se décompose de cette manière : B, histoire de France, Bd, histoire *religieuse* de France, Bd^{16}, histoire religieuse de France *pendant la Révolution*. Avec le principe des intercalations méthodiques sur les rayons, quand il survient un nouvel ouvrage de la même nature et qui doit, par conséquent, être placé auprès de celui-ci, on ne peut lui donner le numéro 25,350 puisqu'il est pris déjà par le volume suivant, on ajoute alors une lettre distinctive; on a donc : Bd^{16} 25,349 A, et ainsi de suite jusqu'à Z à mesure que de nouveaux ouvrages se présentent. Les lettres une fois épuisées, on a recours à un second exposant, à des lettres grecques, à des étoiles : Bd^{16} 25,349 A^1, ou Aα, ou A*, et jusqu'à Bd^{16} 25,349 AA****. Et qu'on ne croie pas que ce soient là des exceptions; dans des établissements beaucoup moins considérables que la Bibliothèque impériale, on rencontre très-souvent des inscriptions au moins aussi compliquées que cette dernière.

Nous devons maintenant expliquer rapidement quelles sont les opérations dont l'ensemble constitue le catalogue d'une bibliothèque. Le titre de chaque ouvrage est transcrit sur des cartes de grandeur uniforme et taillées dans du papier très-épais; chaque carte porte en tête une indication répétée sur le dos du volume, et qui fait connaître la place que ce volume occupe dans la bibliothèque. Ces cartes sont ensuite distribuées dans des boîtes disposées à cet effet, et qui forment deux catégories distinctes. Les unes doivent devenir le catalogue alphabétique,—les cartes y sont rangées par noms d'auteurs et suivant l'ordre alphabétique. Les autres sont destinées à composer le catalogue méthodique,—les cartes y sont classées par séries de matières ; ces matières sont partagées elles-mêmes en sous-divisions très-nombreuses qui, réunies, embrassent l'universalité des connaissances humaines. En règle générale, deux cartes suffisent donc pour l'inscription complète d'un ouvrage ; l'une représente l'ordre alphabétique, la seconde l'ordre méthodique. Il peut cependant arriver que trois cartes soient nécessaires. Parfois même, mais fort rarement, on rencontre un volume qui, indiquant plusieurs noms d'auteurs ou se rapportant à plusieurs matières différentes, exige à lui seul l'emploi de quatre, cinq et six cartes. Deux exemples suffiront pour faire comprendre ce qui précède.

Désignons par la lettre P les polygraphes,

et par la lettre H l'histoire de France, et cataloguons les *Variétés littéraires* de M. de Sacy. Nous ferons deux cartes comme celle-ci :

```
P 106

S. de Sacy
—
Variétés littéraires,
  morales et histori-
  ques.
Paris, Didier, 1858,
2 vol. in-8°.
```

La première se placera à son rang alphabétique dans l'un des catalogues ; la seconde sera classée dans une des sous-divisions des polygraphes, celle des polygraphes français contemporains.

Les *Mémoires du cardinal Pacca* nécessiteront l'emploi de trois cartes :

ORDRE ALPHABETIQUE

H 203

C^{al} Pacca

—

Mémoires sur la captivité de Pie VII et le concordat de 1813, *traduits en français par L.-F. Bellaguet.* Paris, Ladvocat, 1838, 2 vol. in-8°.

H 203

L.-F. Bellaguet

—

Mémoires du cardinal Pacca sur la captivité de Pie VII et le concordat de 1813, *traduits en français par L.-F. Bellaguet.* Paris, Ladvocat, 1838, 2 vol. in-8°.

ORDRE MÉTHODIQUE

> H 203
> *Cal Pacca*
> —
> *Mémoires du Cal Pacca sur la captivité de Pie VII et le concordat de 1813, traduits en français par L.-F. Bellaguet. Paris, Ladvocat, 1838, 2 vol. in-8°.*

Combien la Bibliothèque impériale renferme-t-elle de volumes ? M. Taschereau, dans la préface du catalogue qui vient de paraître, dit 1,500,000. Mais nous croyons cette évaluation au-dessous de la vérité, et nous préférons compter 100,000 volumes de plus. Notre plan est assez sûr pour que nous n'ayons pas à craindre d'exagérer les difficultés; et nous avons pris le laps de dix-huit mois, afin de pouvoir toujours calculer sur des bases très-larges. Le catalogue complet devra donc contenir les titres de 1,600,000 volumes, et indiquer la place qu'occupe chacun d'eux.

Il faut pourtant retrancher de ce nombre 100,000 volumes au moins, qui sont compris dans le catalogue de l'histoire de France, et sur lesquels, par conséquent, il n'y a pas à revenir.

On ne catalogue d'ailleurs pas par volume, mais par ouvrage. Ainsi, l'*Histoire de l'Église* de Rohrbacher qui a 28 volumes, l'*Histoire de France* de Henri Martin qui en a 17, n'exigent chacune que la rédaction de deux cartes, l'une alphabétique, l'autre méthodique. Admettons donc, pour prendre encore une proportion très-défavorable à nos vues, que chaque ouvrage soit composé seulement de deux volumes; et nous nous trouverons en présence de 750,000 ouvrages.

Si l'on se rappelle ce que nous avons exposé plus haut relativement à la confection des cartes, on reconnaîtra que nous nous montrons très-prodigue en supposant pour chaque ouvrage l'emploi de trois cartes. Les 750,000 ouvrages nous fournissent ainsi un total de 2,250,000 cartes à rédiger.

L'expérience prouve, qu'en tenant compte du travail matériel seul, un employé sans être ni très-habile, ni très-zélé, écrira facilement une carte en cinq minutes, ou douze cartes par heure. De dix heures à quatre heures, c'est-à-dire en six heures de temps, un employé fera donc soixante-douze cartes, qui se trouveront réduites à soixante, si sur ces six heures nous lui laissons une heure pour se reposer.

Que la Bibliothèque impériale double momentanément son personnel, qu'elle s'adjoigne, pour dix-huit mois, 80 employés exclusivement destinés à la rédaction des cartes du catalogue. D'après le calcul que nous venons d'établir, ces 80 employés, faisant chacun 60 cartes par jour, en écriront à eux tous

4,800, soit en un mois ou trente jours 144,000, donc en dix-huit mois 2,592,000. Le catalogue demandait la rédaction de 2,250,000 cartes seulement; nous avons donc un excédant de 342,000 cartes, qui représentent un peu plus de 70 jours de travail, c'est-à-dire le repos accordé le dimanche à tous les employés.

Nous ne nous sommes occupé ici que de l'opération absolument matérielle de l'inscription des cartes. Mais on rencontre souvent des ouvrages dont le titre est, à première vue, inintelligible ou incomplet, ou qui ne mentionnent aucun nom d'auteur ; ils exigent du catalogueur des connaissances bibliographiques toutes spéciales. Ce cas doit donc être prévu et la difficulté qu'il présente résolue. Dans ce but, nous diviserons les 80 employés chargés de la confection des cartes en huit bureaux, auxquels nous donnerons pour chefs un des conservateurs et un des bibliothécaires de la Bibliothèque impériale. Nous assurerons ainsi à chaque catégorie d'employés le secours de bibliographes instruits qui se chargeront des recherches minutieuses et des inscriptions embarrassantes.

Nous ne parlons pas des ouvrages qui appartiennent aux littératures étrangères. Tous les employés devront connaître les langues anciennes; et l'étude des langues vivantes est aujourd'hui assez répandue pour que toutes, ou à peu près, puissent être facilement représentées dans chaque bureau.

Au point de vue pratique, rien par conséquent de plus simple que le plan que nous venons d'exposer.

Huit bureaux composés chacun de dix employés qui sont dirigés par deux des fonctionnaires de la Bibliothèque impériale. Un garçon est attaché à chaque bureau, il apporte les ouvrages aux employés, il veille à ce que ceux-ci en aient toujours un certain nombre sous la main, enlève les volumes catalogués et les fait mettre en place. Tout volume présenté aux employés doit, bien entendu, posséder déjà la lettre qui indique la section dont il fait partie et le numéro d'ordre qui lui appartient dans cette section.

Ce travail est préparé la veille par quelques garçons placés sous les ordres d'un bibliothécaire.

Les 4,800 cartes qui sont terminées chaque soir seront le lendemain classées dans les boîtes qui forment le double catalogue alphabétique et méthodique. Cette opération doit être également confiée à des bibliothécaires.

Encore une remarque importante. Une fois numéroté et inscrit, tout ouvrage, dans quelque état de dégradation qu'il se trouve, sera mis et laissé en place jusqu'à l'entier achèvement des catalogues. Alors seulement il pourra être livré au cartonneur ou au relieur.

Ainsi que nous nous étions engagé à le prouver, la Bibliothèque aura donc, à l'issue des dix-huit mois, un catalogue complet et une organisation régulière. Il y a plus, ce résultat une fois obtenu le sera d'une manière définitive ; et rien ne saurait, même dans l'avenir, le détruire ou le modifier. En effet, suivant le plan que nous venons de développer, les deux cents volumes ou brochures que reçoit chaque semaine la Bibliothèque impériale viennent successivement s'ajouter à chaque section, sans jamais nécessiter aucun remaniement dans la partie primitivement cataloguée. Donc, pas de sous-divisions, de caractères grecs, d'exposants, d'étoiles, pas de ces interminables séries de sous-lettres et de sous-chiffres, qui, en un demi-siècle, rendaient ses catalogues obscurs, confus, inutiles, et faisaient entreprendre une nouvelle expérience, toujours aussi infructueuse que les précédentes. Supposons que la Bibliothèque impériale s'enrichisse de deux cent mille nouveaux volumes, et qu'en même temps elle soit livrée au désordre le plus complet ; une révolution, si l'on veut, aura passé par là, et tous les ouvrages, déplacés et bouleversés, seront pêle-mêle sur les parquets. Avec le système actuel, avec le système qui a été adopté pour le catalogue de l'histoire de France, le malheur est à peu près irréparable. Avec le nôtre, tout sera réparé en quelques jours. Une douzaine de commissionnaires sachant lire se chargeront de mettre ensemble les volumes portant une même lettre; on aura ainsi un certain nombre de monceaux séparés, formant chacun une de nos grandes divisions; dans chaque division, ils placeront les numéros à la suite les uns des autres, et le service public pourra aussitôt recommencer. Les deux cent mille nouveaux volumes n'étant pas catalogués, ne portaient point de *lettres;* ils sont dès lors forcément restés en dehors du classement. L'organisation antérieure n'a donc été modifiée en rien, et le catalogue continue à indiquer exactement la place qu'occupe chaque volume.

Un mot sur notre combinaison au point de vue financier. Rien à changer, nous l'avons vu, à l'administration ni au personnel actuels de la Bibliothèque impériale; il faut seulement y faire entrer pour dix-huit mois

80 employés. Que l'on donne à chacun de ces employés 2,400 fr. par an : au taux où est la science, on aura des licenciés ès lettres pour ce prix ; c'est d'ailleurs le traitement qu'obtient au bout de dix ou quinze ans de service un bibliothécaire. Ces 80 employés coûteront donc pour dix-huit mois 288,000 fr. ; que l'on compte 12,000 fr. pour les dépenses imprévues, et la vaste entreprise pour laquelle on a déjà vainement dépensé cent soixante ans et deux millions, se trouvera achevée en dix-huit mois et moyennant trois cent mille francs.

Il n'est même pas indispensable que la Bibliothèque impériale ferme ses portes pendant le temps qui sera consacré à la rédaction de son catalogue. Si l'on réunit dans la salle publique actuelle les deux ou trois mille volumes qui, seuls, sont demandés par les lecteurs de chaque jour, le but sera pleinement atteint. Quant aux savants, malgré tous les sacrifices faits par le gouvernement, malgré tout le zèle déployé par les employés, la

Bibliothèque impériale ne leur a, en réalité, jamais été ouverte, et elle continuera à leur être interdite tant que son catalogue ne sera pas complet, et tant que la nouvelle organisation proposée par la commission d'enquête n'aura pas été adoptée.

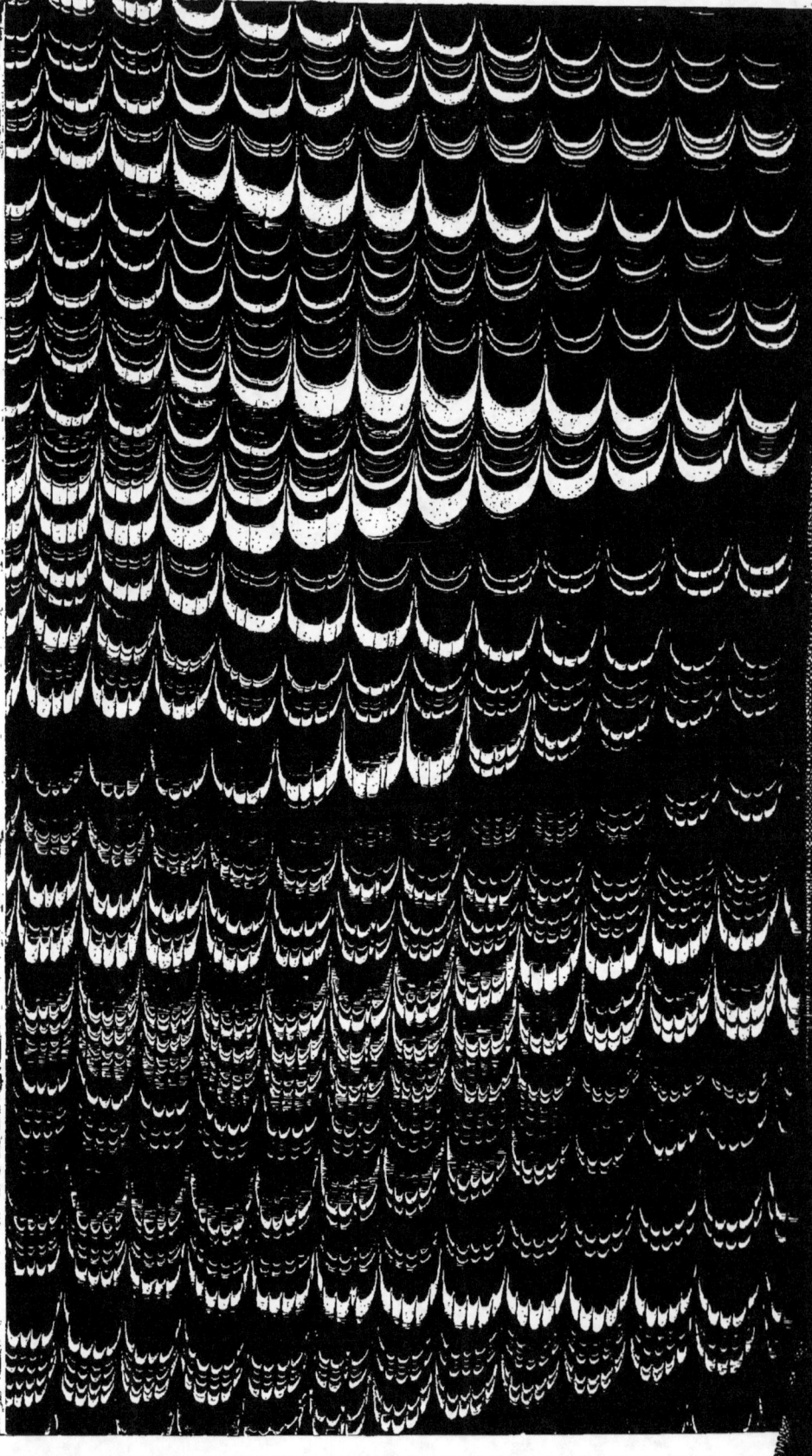

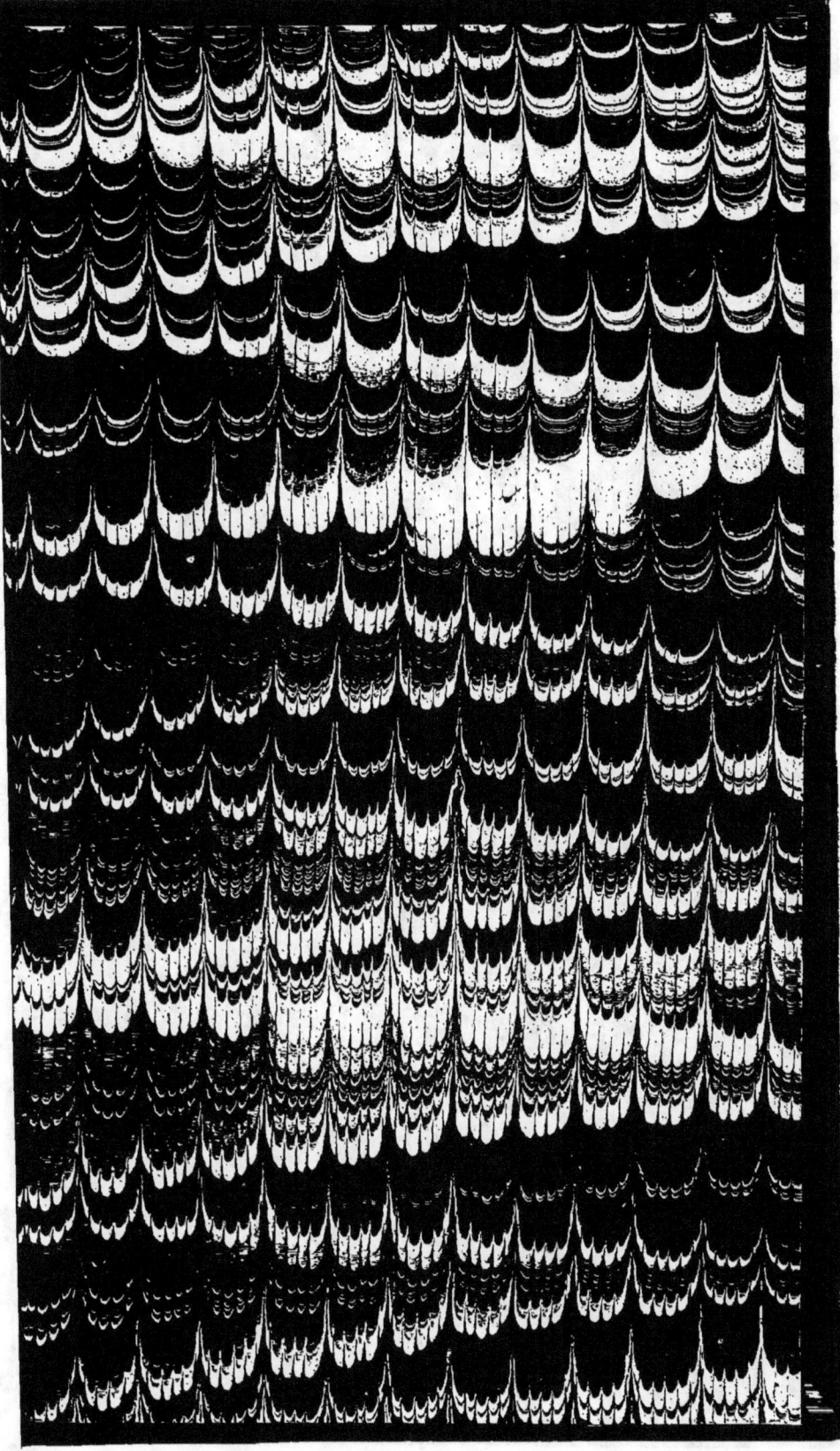

www.ingramcontent.com/pod-product-compliance
Lightning Source LLC
LaVergne TN
LVHW020042090426
835510LV00039B/1370